AF176005

© 2022, Jürgen S.
Herstellung und Verlag:
BoD – Books on Demand, Norderstedt
ISBN: 9783756819294

Ihr mögt es vielleicht erst einmal nicht glauben aber es ist der beste Zeitpunkt für ein "Selbsthilfe"-Buch, den es je gab. Denn die Notwendigkeit für persönliche Veränderungen, an Dir und den Leuten in Deinem Umfeld, war noch nie so sicher bedeutsam und das wird eher drängender. Selbsthilfe muss aber ab einem bestimmten Moment auch das Umfeld erfassen. Von Tag zu Tag kann sich viel verbessern. Ich werde euch eine Gelegenheit zum "Eintauchen" in diesen Ozean, dieses Meer, diese See,... verschaffen, mit entsprechendem Text als Rettungsring oder als "leitender Stern". Du, Deine FreundInnen und Bekannten und deren Umfeld,... ihr müsst euch verändern, damit es nicht zu einer allzu großen Katastrophe kommt! Jede*R kann es, wir als Gesellschaft können recht wahrscheinlich die mögliche Katastrophe überstehen, nur können wohl nicht alle die Katastrophe unbeschadet bewältigen, eine 100%ige Rettung ist quasi unmöglich. Aber glaubt ein Mensch, dass ein Unheil knapp an ihm vorbei ging, wenn es gar keine Opfer gab??? In dieser Situation nichts zu tun, ist `n bissl wie ein teils steuerbares Glücksspiel, in dem das Geld nicht mehr völlig die Regeln bestimmt. UND es wird der großen Mehrheit von euch dadurch, dass ihr LERNT auch besser gehen, allein durch die ARBEIT an euch und der Welt, Arbeit, die gar "schön" sein kann. Selbst, wenn gerade ihr vielleicht gut aufgestellt seid oder euch "Glück" auch so alles hätte überstehen lassen.

Psychologen schaffen es teils, die unter der "schrägen" Lage Leidenden in die derzeitige Gesellschaft zu integrieren oder zu reintegrieren. Esoteriker und Menschen, die mit "Persönlichkeitsentwicklung" zu tun haben, helfen dabei, schädliche aber auch einseitige Bindungen abzubauen und die Funktionierenden Teile/Personen weiterzubringen. So entwickelt sich eine zunehmend egoistische und narzisstische Gesellschaft. UND das grundlegende Krankhafte, das die Menschen, die Natur, die Gefühle schädigt, es bleibt nicht nur bestehen, es wird gepflegt, es gedeiht,... Denn es gibt immer mehr Leute, die vom Problem profitieren, von den Kranken, Armen,... Es geht so weit, dass gerade die Armen in Konflikten, die absichtlich nicht verhindert oder bewusst erzeugt werden, die Opfer von Hunger, Krankheit, Krieg,... werden. SIE gewinnen Rohstoffe (zurück), unter erbarmungswürdigen Umständen. Denn sie haben kaum eine Wahl. Parlamente wachsen in ihrer Größe, denn sie machen immer weniger der Arbeit, die sie tun müssten. Sie verwalten die zu erledigenden Veränderungen, da diese sie um ihren Posten bringen könnten. Gesetze werden nach "Bedarf" ausgehebelt und gemacht, man verliert zunehmend den Überblick in all den Daten. K.I. (die die Daten sinnvoll filtern könnte) wird

teils blind gemacht oder zum Werkzeug der
Unterdrückung, Psychopharmaka werden zur Steigerung
der Leistung gegen andere genutzt. All das blockiert
wichtigen Wandel. Denn die Krankheit ist metastasiert.
Der einzelne Mensch kann nichts ändern, darum vernetzt
euch. Die Eliten ändern so wenig sie können, denn SIE
profitieren am Meisten, DAHER sind sie reich, mächtig,...
Euch werden Krankheiten "gebracht", aber auch einfach
teils eingeredet (eure Psyche wird zum Problem erklärt,
NICHT problematisch ist anscheinend für die
Therapeut*Innen das fehlerhafte und für eure Probleme
zu 90% verantwortliche Gesellschaftsmodell. Es wird
pathologisiert), dann genießt ihr die Aufmerksamkeit, die
euch sog. Heiler*Innen, Psycholog*Innen,
Networker*Innen, Influenzer*Innen,... geben, wenn sie
das überhaupt tun. Jedoch ist das NICHT die Lösung.
Zumindest ist es sehr unwahrscheinlich, dass SIE eine
Lösung haben, denn die würde ihre Follower wirklich von
der Krankheit erlösen und einen Wandel bringen der
zumindest überwiegend funktioniert UND das auf eine
wünschenswerte WEISE. Danach wären die
Reformer*Innen erstmal arbeitslos. :D
MEINE Lösung werde ich hier präsentieren. In
simulierten Krisensituationen aber auch in realer
Bedrohung hat sie sich für mich bewährt. Und Simulation
ist ein bedeutender Teil des Ganzen, wie auch

Feldversuche und Experimente. Dabei habe ich viel gewagt, bin auch teils gescheitert. Aber in gescheitert steckt ja fast schon "gescheiter"!!! Und selbstverständlich werde ich in alledem bemüht sein, die Vorteile meiner Denkweise gegenüber dem Modell von heute nachzuweisen, teils an Beispielen. Der Wandel ist unumgänglich, das ist quasi gewiss. Denn das KLIMA, auch im Umgang miteinander, wird extremer.

Der Zeitpunkt für all diese Veränderungen zum Schlechteren derzeit, ist markiert durch gestresste Systeme. Wetter, Landwirtschaft, Diplomatie, Wirtschaft, Recht, Politik, Ernährung,... werden strapaziert. Und all das droht zu versagen, uns aus den Händen entrissen zu werden. Durch was und wen, wer raubt uns die Basis, wer ändert meteorologisch und sozial das KLIMA? Wir alle, durch unseren KONSUM!

Keine Angst! Die Ursache für den drohenden Zusammenbruch und die Lösung ist so auf einen Nenner zu bringen, denn es gibt EINE historische Ursache und die ist durch Wissenschaft und Spiritualität im Zusammenspiel behandelbar aber nur durch TUN abwendbar. Vergesst dabei nur nicht, dass viele von der Krankheit, so wie ich, das Heilen, Reparieren (re-Paarieren),... lernen. Jede Krankheit KANN einem etwas beibringen. JEDE, -wenn man sie auch überleben muss.

Frage Dich: Bist Du zufrieden? Ist Friede in Dir und um
Dich? Friede, der nicht erzeugt wird, weil Du Dich zurück
ziehst, sondern durch von Dir und Deinem Umfeld
mitgetragener Harmonie?!
Wenn es Dir und den Leuten, mit denen Du
gegebenenfalls Kontakt hast, schlecht geht, stellen sich
Fragen. Fragen, auf die dieses Buch Antworten liefern
könnte. Aber wir werden sehen.

Erste Fragen, ernste Fragen, stelle sie Dir, stelle Dich
ihnen:

- Ist meine persönliche Situation eher schlecht, im
  Vergleich zu meinen Kontakten, FreundInnen,
  Familie, MitbürgerInnen, Vorfahren, Mitmenschen
  (global),...???
- Bin ICH dafür verantwortlich? (Wenn ich es leicht
  ändern kann, in jedem Fall: Ja! Aber, wie erkenne
  ich die Möglichkeit, es zu ändern, wenn ich sie
  noch nicht sehe?)
- Was sind die Ressourcen, die für einen Wandel
  benötigt werden? Welche habe ich, brauche ich?
  Und wie bekomme ich die Materialien,
  Fähigkeiten,... die mir noch fehlen? Vor allem,
  wenn ich arm, ungebildet und missverstanden bin
  oder mich so fühle?

DANN: Denkst Du, dass mit der Welt, der Zivilisation und
Deinem Platz "darin" etwas nicht richtig ist?
Dazu die EINE Antwort: Die Zivilisation ist so aus der
Vergangenheit heraus erschaffen worden, aus
Notwendigkeiten und Zwängen. Aber sie entstammt auch
alten, sehr alten Strukturen, die man als ungerecht und
kriminell bezeichnen kann. Daher ist es nicht

verwunderlich, wenn Du damit Probleme hast, Dich nicht verstanden fühlst und Du irgendwie das leichte bis quasi-sichere Gefühl hast, dass ETWAS damit irgendwie nicht stimmt. Etwas ganz und gar falsch damit läuft.

Der Titel des Buches "Daten vs. Angst"" soll darauf hindeuten, dass ein genereller Wandel stattfinden "MUSS", ein Wandel, der nicht durch Hürden wie Bürokratie, Ignoranz, Lüge,... hinausgezögert wird. Der gemeinsame Nenner hinter dem fehlerhaften und fehlenden Reagieren auf die Probleme der Gegenwart ist: Falscher Egoismus. Also ein falsches und unzureichendes Agieren, weil Menschen, weil wir, weil Du beispielsweise "dumm", "faul", "ängstlich" und "unvorbereitet" bist. Es wundert Dich wahrscheinlich nicht, wenn ich sage, dass es nicht Dich allein betrifft, sondern diese "Krankheit" seit Generationen die Zivilisation befallen hat. In weiten Teilen IST die Zivilisation diese Krankheit. Dieses Szenario ist zumindest in Betracht zu ziehen, zusammen mit möglichst vielen möglichen, guten wie schlimmen Verläufen der Realität. (Rollenspiel eignet sich zum "durchspielen"). Wenn man sich darin und in der Menge an verwirrenden Informationen auch verschätzen und verlieren kann. Teils ist es deswegen alles verwirrend, WEIL ihr an dem Problem Anteil habt. Ihr, quasi jede*R ist mitgehangen mitgefangen. Ein Mangel an Wissen ist nicht mit "Hoffnung" und "es wird schon werden" oder "alles gut" auszugleichen. Und fehlerhaftes Wissen, gemischt mit Fatalismus, wie in Weltuntergangsszenarien der Religion, nutzen nicht einmal den Gläubigen. Selbst wenn es ihnen "Macht" vorgaukelt, dass sie sich und anderen Menschen Angst machen können, damit ihre Gruppen wachsen und sich so ihre Mitglieder "Sicherheit" einreden können. "Es wird sich schon jemand anderes opfern, es wird schon jemand anderes treffen, irgendeine*R wird schon durch das "Labyrinth" finden, von den Milliarden Gefangenen."

"Daten vs. Angst"...: Daten können Wissen darstellen und "Wissen ist Macht", jedoch steckt in Macht die Möglichkeit des Missbrauches. Aber viel zu wissen oder wissen zu können, kann Angst nicht nur erzeugen, sondern auch lindern. Je, nachdem, wie gleichmäßig die Macht verteilt ist und sein kann. Denn meine These ist: Eine gleichmäßige Machtverteilung KANN Basis für "Frieden", auch für "Seelenfrieden" sein.

Der erste bedeutsame Schritt, als Grundlage für wirksames Teamwork, ist es, die Informationen, die man zum Handeln benötigt, leicht zu bekommen. Die relevanten Informationen und die, die relevant werden können. Demokratie ist nur möglich, wenn man recht genau weiß, was wo, wann wie geschieht, oder? Dass es Einzelne und Gruppierungen gibt, die Informationen zurückhalten und/oder verzerren, hat aufzuhören! Selbst, wenn ich verstehe, dass Macht und Wissen verführerisch sein können und die Mächtigen gewohnt sind, uns zu bevoMUNDen. Was uns aber leicht entMÜNDigt zurücklassen kann.

Wie bereits erwähnt, haben die Herrschenden wenig Interesse an Wandel, das kann noch viele den KOPF kosten, physisch, wie psychisch. Demokratie an sich wäre gut, sie funktioniert jedoch nur, wenn alle eine STIMME haben und, wie gesagt, wissen, was los ist. UND dass die Entscheidungen von Minderheiten "oben" kommen und die Massen folgen dem "Müll"??? Wäre Demokratie nicht eher real, wenn die Wünsche, Ängste, Fragen,... der Bevölkerung aufgegriffen werden und die Politiker*Innen DAS bearbeiten UND umsetzen, so weit es sinnvoll ist??? Wurdet ihr bei Erreichen der gesetzlichen "Vollmündikeit" gefragt, ob ihr mit dem Staat, in dem ihr lebt, so einverstanden seid, dass ihr die Bürger*Innen-schaft akzeptieren könnt???

Seid ihr später wählen gegangen und hattet eine Partei, die eure Interessen transparent vertritt? Wenn da Demokratie wäre, würdet ihr doch mehr mitbestimmen, als durch "Kreuze" alle paar Jahre irgendwelchen Leute, an die ihr vielleicht GLAUBT, zu Macht, Wohlstand,... zu verhelfen? Wie viele Gesetze, die im Bundestag verabschiedet werden, habt ihr bewusst gelesen und mitbestimmt,... mit den "Kreuzen"? Na, was denkt ihr? Und: Wenn 70% der Bürger*Innen wählen gehen und 70% die Regierung unterstützen, relativ blind, dann sind nur 49% der Bevölkerung durch diese Wahl im Parlament vertreten. DAS ist schon einmal NICHT DIE MEHRHEIT! Und wer ist schon zu 100% informiert, was die Partei will, wer fordert Neuwahlen, wenn Wahlversprechen nicht eingehalten werden ODER die Situation, die zur Wahlentscheidung geführt hat, sich änderte? Und wer kennt und unterstützt das Wahlprogramm der späteren Regierung, bei der Wahl völlig??? DEMOKRATIE ist demnach bisher Glaube und so, wie sie praktiziert wird: Ideologie.

Dummheit, Faulheit, Angst und häufig damit verbunden: Egoismus sind die bedeutendsten Baustellen beziehungsweise Schwächen mancher Lebensformen. Und manche Leute wissen das ganz genau, ein Wissen, von dem sie zeitweise Gebrauch machen. So wird Angst manchmal über oder unter das gesunde Maß getrieben, um Leute, ganze Gesellschaften zu motivieren oder demotivieren. So bringt man Leute zum Arbeiten oder sie werden krank, arm, machtlos, geoutet,.... So bringt man Leute zum Sparen und/oder sie werden arm. Und die Arbeit, die andere aus Lust oder Angst zusätzlich erledigen, erbringt Gewinn, den die Elite GERNE einstreicht. Das, was die Massen aus Angst sparen oder ausgeben, streichen sich andere ein, vielleicht indem sie nach dem Aufruf zur "Sparsamkeit" den Konsum an anderer Stelle notwendig machen. So nötigt man zum Akzeptieren von Konzepten, wie "Arbeit berechtigt zu Verdienst, der erlaubt den Erwerb von Grundstücken und das erlaubt das Aussperren anderer!?!
(Teils wird zum Kauf umweltgerechter Technologien gedrängt. Beispielsweise die weniger Schädliche Hybridtechnik bei Automobilen. Jedoch wurde bei den Menschen, die solche Autos fahrten beobachtet, dass sie mit dem "besseren Gewissen" mehr fahren und mehr an Energie in Form von Sprit verbrauchen, als zuvor. Leute wollen quasi für ihr besseres Verhalten/Gewissen

BELOHNT werden. Auch wenn das zum gegenteiligen Effekt führt und der Schaden gar wächst. Soweit ich richtig informiert bin.) Ich bin leider nicht immer komplett richtig informiert. Bloß erkenne ich in den Daten einen Trend, der meiner Ansicht nach recht eindeutig ist. Für eine Auflistung aller Kombinationen der Schwächen mit den Methoden mancher, sich daran zu bereichern, fehlt mir die Motivation. Ich will schließlich zum Denken anregen und nicht alle möglichen Ereignisse der nächsten Stunden aufzählen, damit jemand Millionen Seiten Fakten auswendig lernen kann. DENKEN ersetzt DATEN meist in immensem Umfang. Wenn jemand oder etwas Schach versteht, ersetzt das schnell Milliarden von Kombinationen von Schachzügen in einem Speicher (was btw. auch Techniken, wie das "Beamen" möglich machen könnte. :).

DATEN, darum geht es UND um den mündigen Umgang damit. Es geht um wirkliche Intelligenz. Also fehlt mir die Ausbildung, eine oder tausende Atombomben zu bauen. Jedoch kann ich Wege aufzeigen, mit solchen Werkzeugen/Waffen umzugehen und keinen Mist zu bauen, der allzu schlimm und sinnlos wäre.

Auch im kalten Krieg haben die Eliten Angst und Krisen erzeugt, um die Leute zu locken! Der "normale Bürger/die BürgerIn" hatte "null Bock" und kein wirkliches Interesse, an und auf die Aufrüstung und die Bedrohung!!! Da bin

16

ich zu mindestens 90% sicher. Dass Leute durch die Macht und scheinbare Sicherheit in Gruppen zusammenkommen, kann fatale Folgen haben. Angst vor Gegner*Innen kann zusammenschweißen. Das "Abgeben des Hirns" am Eingang des "Tempels" kann die konditionierten Leute in Waffen verwandeln, die von nur geringfügig begabteren Leuten "verwendet" werden, gerade konkurrierende Gruppen zu bekämpfen. Ja, Beten kann Angst nehmen. Jedoch, je nach Thema, kann es auch die Angst über das Zwischenstadium "Frust" letztenendes in Aggression verwandeln, wenn auch nur wenige dann Amok laufen. "Kulturelle Abrüstung" in einem kontrollierten Rahmen wäre in vielen Bereichen anzustreben, so meine Meinung.

Das Buch soll helfen, die Daten zu bekommen, die einen in die Lage versetzen, RICHTIG zu handeln. "Gaslighting" durch andere soll erkennbarer werden und so zunehmend auch klarer erkennbar, wie ernst Situationen sind. Beispielsweise: Kriege, Pandemien, Invasionen, Klimawandel,...
Der Egoismus (teils als "unsichtbare Hand" bezeichnet), ist in "schädlich" oder "nützlich" zu trennen und das eine soll gehemmt, das andere gefördert werden.

Welche Katastrophe ist wahrscheinlich? Welche Katastrophe wird nur benutzt oder gar erzeugt, um Leute zu lenken???

Wir glauben, was wir "sollen", ja!
Wir glauben, was wir "wollen", ja!
Aber manche wissen, wie DAS so ist!
Hier will ich ein wenig aufzeigen, dass vieles erst Gültigkeit erlangt, wenn man den kompletten Bereich, in dem die Situation, der Gegenstand, die Person,... IST, schildert. Und, dass je nach Perspektive also aus "relativ vielen Blickwinkeln". "Relativ" ein Wort ist, das für verhältnismäßig vieles gilt. Manchmal ist gar das "Relative" "relativ" und damit dann teils OBJEKTIV!

Zwei Fälle-Fragen, Zweifel-Fragen, implizite Fragen:

- Warum sich etwas ändern sollte.
- Was sich deswegen ändern muss.
- Wie man DAS ändert.
- Was derzeit geändert wird.
- Was die Vor- und Nachteile sind.
- Für wen diese Vor- und Nachteile wann gelten.
- Wer profitiert (Cui bono?)!
- Wieso die Profiteur*Innen manchmal schwer zu finden sind, wenn sie auch häufig durch Reichtum irgendeiner Art hervorstechen können..
- Was außer den Religionen, Wirtschaftssystemen und Regierungsformen sonst noch Ideologien oder Kult(e) sind. Denn viele Ideologien,... "arbeiten", "wirtschaften",... in ihrem eigenen Interesse DANN gegen andere, ähnlich einer Verschwörung.
- Wieso "Feminismus" Folge der zunehmenden "Notwendigkeit" ist, Frauen (so kürze ich "Cis-Frauen" ab)zu immer mehr Arbeit zu bringen. Schließlich ist das Cis-Männer-geführte Risikomodell am "Ende". Frauen, die auf "traditionelle" Fortpflanzung und Erfolg hofften (durch "Wachstum"), wurden zunehmend unzufrieden, weil das Modell das immer weniger

herzugeben versprach. Um Frauen unter "Kontrolle" zu halten, wurde ihnen eingeredet, sie hätten weniger Chancen bei Männern als dies tatsächlich der Fall ist. Und auf der anderen Seite wurde Männern geflüstert, sie hätten bessere Chancen bei Frauen, als dies, in der Realität, zutraf. Männer gingen so oft mehr Risiken ein, Frauen weniger. Frauen haben es auch leichter, Nachkommen zu bekommen, Männer müssen dazu einiges wagen, meistens. Und die Tatsache, dass Männer (so kürze ich "Cis-Männer" ab) häufiger scheitern, früh und dann eher sterben, kriminell werden (mal "legal" mal "illegal"), arm enden oder krank, aber auch reicher enden können als Frauen, deutet darauf hin, dass die Gesellschaft auch teils männerfeindlich sein könnte!?! Wenn die Cis-Männer die Gesellschaft gestalten, wieso scheitern so häufig Cis-Männer (im Folgenden durch das Fremdwort "Männer" abgekürzt)?

Sie landen eher im Gefängnis, in der Psychiatrie, werden süchtig und zu Mördern und arbeiten in eher körperlich anstrengenden Jobs und dort mehr als viele Frauen, dank i.d.R. mehr Muskeln.

- Hier ist zwar der Fokus auf Kritik an bestehenden Umständen, jedoch gibt es immer wieder auch

Lösungen, wirkliche Verbesserungen, Erkenntnis,... auch in der Natur, die unsere LEBENSGRUNDLAGE ist. Wir sind NATUR!!! Wir leben und wir sterben recht sicher. Noch!

- Mikro-Organismen schädlicher Art lauern auf Plastik, gerade in den Weltmeeren. Jedoch häufen sich Berichte, es gäbe zunehmend auch Leben, das dieses Plastik frisst.

- Schädlinge im Wald töten geschwächte Nadelbäume. Jedoch wachsen dort dann vermehrt die eigentlich hier heimischen Buchen.

- In Tchernobyl wachsen Lebewesen, die sich an der Radioaktivität wenig stören, die ihnen gar nutzt, soweit ich hörte.

- Alle Störungen des Ökosystems, die mir bekannt sind, werden von der Natur, auch uns, beantwortet.

- Die Gesellschaft, zumindest ihre "Führer*Innen", arbeitet aber nicht nur gegen Menschen in dem Aspekt Lebensqualität, Fortpflanzung und Überleben. Sie arbeitet an Angst-Erschaffung/Erzeugung, Katastrophen und Krieg/Ausbeutung, indem Ressourcen von

unten nach oben umverteilt werden. Indem
die Unteren den Hauptteil der Arbeit
machen und "Mythen" erschaffen werden,
die erzählen, warum XX oder XY oder so,...
den Reichtum, die Macht,... verdient haben
sollen. Auch aus den Ablenkungen, die
geschaffen werden, werden Industrien,
Kulte, Ideologien, Wissenschaften,... die auf
Dauer nicht nur kosten, jedoch die Leute
von Sinnvollerem abhalten, sondern auch
neue Nischen bieten..

Ja, die Zeiten werden "rauer", Frauen werden zunehmend zur Ressource, gerade am Arbeitsmarkt. Und der "Gleichstellung" in den "Chef*Innen-Etagen" könnte die Gleichstellung im Straßenbau folgen. Seitdem der "Privatbesitz" Ungleichheit in Besitz, Recht und Hierarchie herbei führte, rafft schier JedeR das, was er/sie/es KRIEGen kann. Wenn bestimmte Leute, teils gegen das Interesse der Öffentlichkeit, "ihr" Land ausbeuten "dürfen", ist neben den negativen Folgen der Einführung von "anonymen" Geld, zunehmend problematisch. Erst die Verknüpfung von "Geldverkehr" und persönlichen Daten kann beheben, dass Geld für Waffenindustrie zu Kriegstreiberei, von Regierungen zur Beeinflussung von Journalismus, von der Pharmaindustrie zu einem Interesse an Kranken,... und andere schlimme Tendenzen bestehen. Leider ist das dann schnell ein Werkzeug der Kontrolle und Einschränkung, welches zu Missbrauch nahezu einlädt! Dass Leid zu Leidenschaft werden kann, erklärt wieso eine gerechtere Gesellschaft, eine plausible und damit verständliche,... weniger dynamisch und DAMIT auch weniger expansiv ist. Puh, Friede, endlich Friede. Endlicher Friede, "ENDFRIEDE"?! Passt bei solchen "Superlativen" bloß auf!

Mir kommt es recht merkwürdig vor, bei so vielen Themen das Gegenteil des Narrativs zu vertreten. Auch, dass, laut zweier Artikel von "Spektrum" zwar beim Gendern selbst die "neutralen" Begriffe zumeist "männlich" gelesen werden, jedoch wird das "-*Innen" als Endung für das jeweilige Subjekt überwiegend "weiblich" gelesen. Um die Gefühlswelt der zuvor diskriminierten Leut*Innen nachzuempfinden, so für eine Weile, warum nicht mal die "alten Profitzeur*Innen" benachteiligen? Jedoch als dauerhafte Lösung taugt das nicht. "Hass" muss dingfest gemacht werden, Sprache ist (noch) keine Barriere, die nicht auch das Gendern zu Diskriminierung "befähigt". Wenn man aber Sprache ändern will oder "muss", dann bitte eloquenter als bisher. Wie so häufig ist der "gute Wille" nicht suffizient. DENN das Gendern wird teils nicht nur als "Gaslighting" empfunden, nein, teils ist es "Gaslighting".

Die "wahren Umstände", soweit ich sie kenne und soweit sie jetzt gültig sind, kennen immer nur sehr Wenig*Innen! Und das "Aufpumpen" von Muskeln, sowie das "Schminken" von Gesichtern ist einfach nur das Signal der "prinzipiellen Paarungsbereitschaft" mit bestimmten "Partner*Innen", irritiert aber die unweigerlichen Mitbeobachter*Innen, die sich eventuell nicht ausgeschlossen fühlen wollen und darin ein "Aufrüsten" sehen können, das sie abzuhängen droht. Wieder einmal ist Angst eine Motivation. Verunsicherung ist die Folge. Daraus zieht die Schönheits-Chirurgie, die Make-Up-Branche, der/die Tatoo-Künstler*In,... ihre Einnahmen. Kaum jemand ist noch gänzlich mit sich im Lot, ohne zu konsumieren. Ohne auf zu rüsten. Und Nacktheit ist teils gar ein Tabu. Steuern nicht zahlen zu wollen, wenn die Politik NACHWEISLICH schädlich ist, wird gar meist bestraft.

Aber zurück zum Thema "Demokratie", "Kommunismus", "Mitbestimmung",- Zwischenfragen. Eine Wiederholung:

- Wurdest Du irgendwann gefragt, ob und wie Du in "Deinem" Land leben willst? Oder hast Du einfach akzeptiert, wie die Regierung regelt und lenkt und über Dich bestimmt?
- Kennst Du die Geheimdienstberichte und Nachrichten anderer Länder und "Deines" Landes ausreichend gut, damit Du Dir eine einigermaßen "objektive" Meinung bilden kannst und dann irgendwann mit "Deiner" Stimme wählen gehen kannst? Sind Daten jeder Art relativ frei verfügbar, und kann zur Not jede notwendige Information eingeholt werden, auch private Information von Politiker*Innen, Konzernchef*Innen,...?
- Ist "Deine" Demokratie global und damit nahe an zumindest einer Bedingung für ein Ideal?
- Wenn nur 70% der Leute wählen gehen. Die anderen wollen vielleicht nicht, weil sie nicht mitverantwortlich sein wollen oder sehen, dass ihre "Wahl" nichts ändern wird, weil keine Partei sie vertritt UND dann 70% der Wählenden die Regierung wählten, sind 49% der Bürger*Innen in der späteren Regierung vertreten. DAS ist nicht die Mehrheit! Und wer kennt das Wahlprogramm

der Partei, die er wählt? Wer kann dem jeweiligen Politiker*In komplett trauen? Wird das Wahlprogramm umgesetzt und ist es gerecht, gut, stabil,...? Nach so zwanzig, dreißig Faktoren, die "einengen", WER zu seinem "Willen" kommt, vertritt die spätere Regierung sich am Ende eigentlich nur noch selbst. Schließlich wählen sich die Politiker wahrscheinlich selbst und machen ihr Programm orientiert an der Wirtschaft, der Wissenschaft (wenn ihnen das "nützlich" erscheint),... ("PART" in Partei heißt auch "Teil", ähnlich dem "Sekten"-"Sektor, Abschnitt")

- Wie viele der manchmal 10 neuen Gesetze und Änderungen, die an einem Tag durch das Parlament gehen, hast Du mit Deinen "Kreuzen" beeinflusst und wie kann der Politiker aus Deinen "Kreuzen" Deinen Willen ablesen und diesen berücksichtigen? Magisch?

- Haben reiche, informierte, mächtige, berühmte,... Leute nur so viel "Stimme" bei der Wahl, wie jede*R andere auch oder ist da ein Unterschied? Prägen Dich die Medien vor der Wahl auf eine bestimmte Meinung, die Dir "richtig" erscheint? Leider bist Du dann sehr sicher herein gefallen. ;)

- Sollten Politiker*Innen nicht einfach tun, was das Volk will? Das könnte man mittlerweile schon recht gut ermöglichen, durch Smartphone-Umfragen und Auswertung von Aktivitäten im Netz.

Politiker*Innen sollten einen Beruf ausüben, der ähnlich gewertet wird, wie andere gewöhnliche Berufe. Und nicht manipulieren und einen "Freifahrtschein" bekommen, schon gar nicht über Medien Kontrolle ausüben und "ihre" Interessen über andere stellen können, indem sie gegen den "eigentlichen Willen" der Bürger*Innen arbeiten dürfen.

UND: "Nein", was ich vorschlage ist keine Utopie, keine Illusion,... im Gegensatz zu der Politik, die die Natur durch Ausbeutung so schädigt und beeinflusst, dass Katastrophen immer wahrscheinlicher werden.

Die Produktion von Tausenden Atombomben, bis der Gegner "hunderte Male getötet werden kann" (Overkill), kostet Ressourcen und macht Angst. Oder ist das "Angst machen" nicht genau das Ziel???

Auswege oder ein "Aussteigen" aus der "Mühle" der Gesellschaft (,was die implizite und explizite "Aufforderung" zum Arbeiten angeht), werden verhindert oder führen dazu, dass andere dann mehr arbeiten müssen (Was schnell nicht mehr sozial ist.). Obdachlose muss es nicht geben, Arbeitslose müssen stetig "integrierbar"und motiviert gehalten werden. Schrebergärten sollte man bewohnen dürfen. Etc., etc., etc.,...

DIe Themen Glaube an "Geld" und "Gött*Innen",... werde ich noch ansprechen. Jedoch gehe ich mal in die Psychologie des "BeSITZENs" der "SESShaftwerdung" und behandle die "Relativität" von Meinungen, den Bereich "Angst" und den Punkt "Lust". Wenn es "Schwächen" des Menschen gibt, werde ich diese aufzeigen, denn die Leute handeln mit ihrer "Faulheit, Dummheit und Angst/Lust" nicht nur gegen ihre eigenen Interessen, sondern auch gegen meine, die übrigens sehr sozial sind. Der Fehler, einzelne zu ermächtigen und ihre Interessen von denen der "Masse" zu "entkoppeln", ist fatal. Keine Person soll gegen das Interesse der "Natur", der "Mehrheit",... handeln dürfen, ohne dass das bekannt wird und unterbunden werden kann.

"Privat" (aus dem Lateinischen 3.Person Singular im Präsens des Wortes "privare", "Privat" heißt einfach: "er, sie, es raubt")! Was gab es in der Zeit vor dem modernen Menschen an Privatbesitz? Alles gehörte keinem Menschen, keiner Menschin! Was gehörte dem Menschen vor der Idee des Privatbesitzes? Alles gehörte eventuell ALLEN?! DANN nahm sich ein Induviduum etwas an Raum/Land/Sitzplatz/Thron und dieses löste eine Kettenreaktion aus. Die, die von dem "Räuber-Menschen" etwas zurückholen wollten, wurden zu "Illegalen" erklärt, natürlich erst im historischen Nachhinein in schriftlicher Form. Der Anfang von "Arm und Reich" wurde zur Basis der WeltREICHe. Es kam zu Vertreibung und Expansion. Befestigungen, feste Stätten und Städte. Eure Träume von Macht, Reichtum, (im Falle von religiösem Glaube) Jungfrauen/Junkern, Gewalt, Rache, Sicherheit, Besitz, Ruhm,... lassen euch von klügeren, informierteren,... Leut*Innen lenken und ausbeuten. Und eure Schwäche verurteilt andere zur Unterwerfung unter dieses System. Die Grundlage unserer Existenz wird geschädigt. Hört hin und hört auf mit dem Wahnsinn! Wenn "eure" Politiker Krieg führen, sanktionieren, Meinungen als "fake" bezeichnen, sich nicht mehr hinterfragen (wenn es zum Krieg kommt, zum Hunger,... sind quasi immer "beide Seiten" teils Schuld), Gegner*Innen dämonisieren,... muss die "Alarmsirene" in eurem Kopf glühen! Ich WILL gar keine Enteignungen, Verstaatlichung, auch wenn es SO WIE BISHER nicht weitergeht, SO wie es bis jetzt ein paar Tausend Jahre lief.

Staaten sind, neben Glaubenssystemen wie Politik, Religion, Status,... Ideologiegebäude. Auch Staaten sind egoistisch und sehen die Situation "gerne" auf ihre Weise. Kriege oder Sanktionen "Deines" Landes hältst Du eher für richtig und begründet. Dass Du so einer Gruppendynamik ausgesetzt bist, wo Dein "Team" für sich "das Beste" will, verschleiert zumeist, dass die "Feind*Innen" auch RECHT und Rechte haben können. Wenn eine Ideologie-Gemeinschaft an "sich" denkt und so handelt, wirtschaftet,... arbeiten schnell Millionen von Menschen GEGEN die Leute außerhalb der "Nation", indem sie Wissen erwerben, anhäufen,... oder Rohstoffe oder Waffen,... ALL DAS GEGENEINANDER VERSCHLINGT ROHSTOFFE.

UND: Wenn andere, -nicht ihr, mehr arbeiten und weniger haben, kann dahinter Gerechtigkeit stehen? In euren Augen vielleicht!!! Aber so verliert der Faktor "Selbstwirksamkeit" an Bedeutung, das ist jedoch ein bedeutsames Prinzip. Man fühlt sich sicherer, wenn das eigene Handeln eine gewünschte Wirkung zu haben scheint und nach einer Prüfung, nachweislich HAT!

ABER: Hier soll sich kaum noch jemand sicher fühlen. Genau das ist, von den Eliten, angestrebt. SIE wollen Angst, um Wandel durch zu setzen. Wandel zu ihren Gunsten. Wer die Regeln machen kann, ist vielleicht ein klitzekleines Bißchen verführt, sie zu den eigenen Gunsten zu ändern.

Und wenn ihr eure, nicht stimmige, Ideologie verbreitet und das zu Ausbeutung Schwächerer führt und das zu Armut der Schwächeren? Und wenn die Armen dann die Natur ausbeuten, diese Schaden nimmt, und die Schwächeren dann vor Hunger, Überschwemmung, Armut, Dürre, Hitze, Unrecht, Kriminalität, Fanatismus, Krieg,... flüchten??? Wer hat zugestimmt, dass Arbeit dazu führt, dass etwas "Besitz" wird und andere ihr Recht auf diesen Besitz verlieren? Ist nicht die Armut soooo vieler Menschen und der Reichtum soooo weniger ein Anzeichen, dass da ein Unrecht oder zumindest wenig Demokratie vorhanden sein könnte? Müsste in einer Demokratie nicht automatisch die Mehrheit viel besitzen,...? Wer sagt, dass die Politik etwas bestimmen darf, dass Gerichte urteilen dürfen, dass Polizei Gewalt anwenden darf,...? Das muss doch im Konsens bestimmt werden. Und Fehler der Politik, Gerichte, Exekutive müssen drastische Folgen haben für die Vertreter*Innen dieser Gruppen. Generell braucht es eine gerechte, richtige und richtig funktionierende Gesellschaft. Die

Modelle der Vergangenheit und Gegenwart können das noch nicht oder auch nie leisten, teils verursachen die alten Systeme auch gerade das Unrecht und das Leid.

Sorgt bitte dafür, dass nicht andere darüber bestimmen, was (und wen) ihr esst, wen ihr kennenlernen dürft, wen ihr töten und fürchten sollt, dass ihr wenig versteht (teils nicht einmal euch selbst),... nur, damit ihr zu einer Gruppe,... gehört. Intelligente Entscheidungen sind das, was ihr anstreben solltet. Und das (intelligent) sind egoistische Entscheidungen selten. Ihr könnt die Gesellschaft ändern, nachdem ihr sie und euch versteht. Konsens ist in dem Zusammenhang bedeutsam.

Triviale und dreiste Fragen (mehr als gewollt):

- Gibt es überall auch "Grenzen der Macht" oder ein ZUVIEL des Guten, aus Zufall?
- Kriege als Gruppenkeile, wenn Systeme, Ideologien teils versagen und teils ihr Ziel erreichen?
- Anführer*Innen rufen Kriege herbei, damit man merkt, wofür man die Anführer*Innen benötigt?
- Jeder kann sich selbst am einfachsten ändern, außer man ist...?
- Wer anderen hilft, kann seine "Betriebsblindheit" auf Dauer ablegen lernen und irgendwann die eigenen Probleme beheben?
- "Wir" behandeln andere öfters so, wie wir selbst behandelt werden "wollen"?
- Zu uns selbst sind wir oft am "härtesten"?

Glaube ist ein manchmal machtvolles Instrument der Führer*Innen und Verführer*Innen in Religion, Wirtschaft, Politik, Bildung, Militär,... Daten sind oft noch mächtiger. Ob man für Geld-"SCHEIN"e etwas bekommt, ist vom Glauben der Beteiligten abhängig und wie viel buntes Papier an Nutzen bringt. Zettel, die bekunden sollen, dass die Person zu dem Zettel eine gewisse Macht oder

Qualifikation hätte, sind genau genommen auch nur Papier, Wachs, Farbe,... wenn man es hinterfragt. Bücher, die einen großen Anteil an fehlerhaften und manipulativen Informationen (was Leute "in eine Form" bringen soll, informieren) beinhalten, sind nur bei dummen und/oder destruktiven und/oder ängstlichen,... Menschen mehr als andere Einbildungen, aber sie machen sich teils gut als Briefbeschwerer,...!

Ein weiterer Exkurs:

Tiere und Pilze und Pflanzen zu essen ist teils noch notwendig. Dass manche Leute die Sensibilität/Achtsamkeit besitzen, auch DARAN zu denken, minimal Schaden anzurichten und hier nicht die "Axt im Walde" heraus hängen zu lassen, ist beachtlich. Jedoch arbeiten Menschen, in ihrer relativen "Vielfalt" immer auch an teils "entgegengesetzten" Baustellen. Einfach, damit für alle Handlungen und Meinungen potentiell ausgearbeitete Alternativen bereit stehen, falls ein Konzept scheitert/scheitern sollte. Sich bewusst und vernünftig zu ernähren, kann all diese Faktoren berücksichtigen und gesünder sowie schmackhafter sein, auch wenn z.B. fleisch- (und damit fisch-)lose Ernährung den Geschmackssinn beeinflussen kann.

Treibhausgase, wie die Methan-Pupse und Rülpser der Rinder, die Überdüngung von Böden und Gewässern, die zunehmende Zahl multiresistenter Kieme (durch Antibiotika-Einsatz im Übermaß), in der Folge: Pandemien sind Ergebnis von Dummheit und Egoismus. Die Verdrängung der Gewalt an Tieren aber auch der Arbeitsbedingungen der Metzger*Innen führt zunehmend zu "blinden Flecken" und damit zu einer "Steuerbarkeit" oder "Verrohung" in der Sache. Übergewicht, Gefäßverengung, Krankheiten in Zusammenhang mit den Stresshormonen und anderen Bestandteilen der Tiere, stellen dauerhafte Kostenfaktoren für die Gesellschaft dar. Jedoch sind Mangel an Vitamin B12 oder Eisen, die bei pflanzlicher Ernährung erfolgen können, kein allzu guter Tausch, auf das tierische Eiweiß (die Organe und Muskeln,... der Tiere zu verzichten ist auch nicht optimal, da es dem Mensch*Innen leichter verfügbar ist (als Energiequelle und "Baumaterial") als pflanzliches Protein). Dass all diese Lebewesen eine Art von Bewußtsein haben oder haben könnten, heißt hier, dass auch die durch pflanzliche Ernährung reduzierte Menge an getöteten Wesen nicht das Ende der Thematik darstellt. Fleisch "aus der Petrischale" ist ein Schritt in die richtige Richtung oder wäre es, wenn das nicht mit allzu hohem Verbrauch an Pflanzen oder Milch, Stammzellen aus Schlachtungen,... einherginge. Die Anreicherung von

Giften am Ende einer längeren Nahrungskette nicht vergessen. Es gilt noch: Für das "Erzeugen von Fleisch und Fisch" werden massiv mehr Pflanzen verbraucht, da die "Umsetzung" von Pflanzen in Muskeln nicht eins zu eins "ansetzt". Und das erzeugt höhere Umweltschäden, Hunger, die anderen oben genannten Missstände und das ist nicht das Ende der "Fahnenstange"! Dass das menschliche Allesfressergebiss gerade rohes Fleisch kaum von Knochen herunter bekommt und dass Fleisch teils nur gegart recht keimfrei und damit genießbarer wird, kommt noch dazu. Dass für die Eiweißquelle: Tier - Land gerodet wird, aber auch manche Böden quasi nur als Weideland nutzbar sind, ergänze ich nur mal zu dieser Bestandsaufnahme.

Die Technik, aus gezüchteten Zellen Fleisch auch in Form, annähernd an Muskelgewebe, drucken zu können, kann vielleicht irgendwann zu Techniken, wie dem Drucken von Organen, Körperteilen als Transplantat oder ganzer Lebewesen führen. Doch das gehört in den Bereich der Science-Fiction. Auch wenn die Möglichkeit näher gerückt ist. Die Ausreden dafür, dass Tiere teils gequält werden, getötet und zubereitet,... sind vorhanden. "Es war schon immer so, dass der Mensch Fleisch gegessen hat", entlarvt diejenigen, die anscheinend auch freiwillig in der Steinzeit oder früher leben wollen. Dass die Tierarten aussterben würden, wenn der Mensch sie nicht züchten würde!? -Ja, viele der Züchtungen hätten, wie manche Hunderassen und Katzen, schlechte Überlebenschancen. Teils, weil sie schier unfähig gemacht wurden, frei zu leben. Einige quälen sich ihr Leben lang. Tiere für Tiernahrung züchten, teils quälen und dann töten? Während manche Menschen hungern doppelt schwierig. "Artgerechte Haltung"? Welche Art ist ursprünglich im Stall entstanden? Freiheit ist artgerechte Haltung! Und dass die Massentierhaltung maßgeblich Arten auslöscht, ich meine wilde Arten, wie Insekten, Nager,..., das haben die Intelligenzbestien im Steakhaus eventuell nicht so auf dem Schirm gehabt. Insgesamt gibt es wenige Gründe FÜR das Essen von empfindungsfähigen Lebewesen und recht viele dagegen. Wie so oft, suchen die "geistig Armen" Ausreden, damit sie mit dem Gewohnten weiter machen können. Details könnt ihr euch ja auch selbst mal überlegen. Das Verwenden von Polemik ist in diesem Zusammenhang nicht unbedingt zielführend. Der "Witz", Veganer würden dem "Essen" der Fleischesser das Essen wegessen, ist nicht einfach fast komplett dumm. Er dreht die Sachlage um nahezu 180°. Denn die "Nahrung" der Fleischesser isst, viel eher allen anderen Menschen die Nahrung weg. Auch das Argument, der Mensch habe schon immer Fleisch gegessen, ist überwiegend irreführend. Und selbst wenn man es mal prüft, stellt sich heraus, dass der Mensch ja auch schon immer in Höhlen gelebt hat. Aber wie viele Menschen haben mittlerweile die natürlichen Höhlen verlassen?

Die "Arbeitsverweigerer*Innen" (sorry, zum Gendern schrieb' ich bereits, dass es nicht so gut gemacht ist. Vielleicht ist aber auch Arbeitsverweiger*Innen hier die "bessere" Schreibweise?) erkennt man daran, dass sie:

- Anderen die Schuld geben, die weniger beteiligt sind, als sie selbst (Narzissmus)
- Ihre Baustellen nicht abarbeiten.
- Aufgaben, die sie selbst erledigen müssten, schieben sie auf und/oder weiter ("Manager*Innen").
- Sozial eine Hackordnung aufbauen und stark die Schwächeren diskriminieren.
- Als Freund*Innen gerne Leute auswählen, von denen sie profitieren.
- Arbeit nur verwalten, delegieren.
- Nur scheinbar nett sind (Höflichkeit statt Freundlichkeit).
- Eher nehmen, statt geben.
- Auch noch auf andere Weise "kompensieren".
- In ihren Sozialkontakten rechthaberisch agieren.

- Ähnliche Listen, wie diese hier aufstellen oder aufstellen könnten, jedoch nicht an der Problematik arbeiten, die vielleicht recht stark bei ihnen selbst vorliegt.
- Minderwertigkeitskomplexe haben (s.o. und diese häufig kompensieren).
- Erst etwas ändern wollen, wenn sich bereits vieles bei anderen geändert hat.
- Sarkastisch, ironisch und zynisch gegen andere sind, unter dem Deckmantel: Humor. Kritik der gleichen Art, die an ihnen geäußert wird, vertragen sie oft weniger.
- Sich mit "fremden Federn" schmücken.
- Andere mit "Beruhigungen" einzulullen versuchen.
- Beziehungen, die mit Arbeit und Kosten verbunden sind, abbrechen.
- Nicht selbst ungerechterweise erworbenes teilen wollen

Sooo, ein Zwischen-Fazit, zur Fokussierung: Die Regierungsformen unterscheiden sich nur marginal von Nation zu Nation. Es gibt mindestens eine Ausnahme, ein Land propagiert das "Brutto-Nationalglück" als Ziel, Kuba und Nordkorea stechen ebenfalls hervor. Demokratie wird nur vorgetäuscht, Wahlen sind eine unterhaltsame

Farce (noch dazu gibt es mancherorts gar "Wahlbetrug"). Privatbesitz wird geduldet, trotz der Ungleichheit und des Unrechts, die damit einhergehen. Vielleicht hoffen einige eher auf einen Lottogewinn, als dass sie mehr Gerechtigkeit durchsetzen. Im Zusammenleben schwinden die Bindungen der Menschen, gerade wenn Probleme auftauchen. Ablenkungen und Fluchtmöglichkeiten aus der Realität in Drogen, Sucht und Konsum, werden kultiviert. Leute, die dann an ihrem Kuddelmuddel scheitern, werden notdürftig oder gar nicht aufgefangen. "Suchten" von Serien, Rauchen von Shisha, Zocken von Videospielen,... werden gegen die Angst genutzt. Mit dem Preis: Verlorene Zeit, verlorene Bindungen, verlorene Gesundheit, verlorener Wohlstand,... "das Resultat: Spaß". Jedoch ist Sex auf Basis von Spaß sehr zweifelhaft, gerade wenn es zur Schwangerschaft kommt. Gewalt und Ausbeutung sowie Tiermord aus "Spaß", weil "es schmeckt", weil "alle es machen", weil "es geht",... enden schnell im Verlust von Loyalität und Feingefühl und in Perversion. Denn: "Eine Krähe hackt der anderen so schnell kein Auge aus" oder "der von den Betroffenen, der ohne Sünde ist, werfe den ersten Stein". So kommt es nur bei den Aufgehetztesten und Haltlosesten zu Gewalt, so werden aber die Schuldigen und ihr System nicht durch wahrscheinlich notwendige Veränderungen abgelöst. Man darf, meiner

Meinung nach, auch opponieren, wenn man selbst nicht perfekt ist. Gerade, wenn andere mir Fehler "draufdrücken", muss ich einschreiten und darf das auch.

Da die Problematik sich durch nahezu alle Bereiche zieht, verfügen nur die Allerwenigsten überhaupt über die Qualifikation, es zu überschauen. Geschweige denn über ein Konzept, das Ganze zu verändern und verbessern. Mein Lösungsansatz, eine Überwachung und Überwachbarkeit aller durch potentiell alle, ist eben auch nicht ganz das, was ich gerne hätte. Die potentiellen Nachteile, gerade durch eine Manipulation des Apparates, sind gewaltig. In der Praxis jedoch werden sie gegen "Null" gehen. Bloß wird es unser komplettes Verhalten wandeln, das ist quasi sicher.

Die Begriffe "Richten", "Recht", "Richtig",... und gegebenenfalls "Rache" sind enger miteinander verbandelt, als Sprache allein es vermuten ließe. Das "Richtige" sollte dem "Recht" entsprechen UND umgekehrt. Recht hat "richtig" zu sein! Klingt seltsam, seltsamerweise. Wir sind zumindest die Diskussion nicht gewohnt, wenn wir nicht gar irritiert sind, dass Recht und Gerechtigkeit vielleicht gar nicht so identisch miteinander sind, wie wir erwarten.

Die "Radbruchsche Formel" in der Rechtswissenschaft besagt unter anderem AUCH, dass das Gesetzes-Recht NICHT der "Gerechtigkeit" entspricht, demnach in Teilen, gar großen Teilen "Unrecht" ist. Laut Radbruch muss nur dann Gerechtigkeit angestrebt werden, wenn das Unrecht der Gesetze "unerträglich" wird. Also quasi dann, wenn Menschen bereits durch das Unrecht sterben. Was bereits geschieht!!!

Doch was fangen wir mit diesen Informationen an? In Hoffnungslosigkeit verfallen, weil "eine Person alleine nichts bewirken kann"? Oder wir beobachten das Ganze so lange, bis uns alles gleichgültig geworden ist (Salomon erlebt eine ähnliche Situation im "Prediger Salomo"). Man kann auch "immer lieb" zu sein versuchen, was niemand auf Dauer sinnvoll zu tun in der Lage ist (denke ich). "Blinder Aktionismus", "Protest", "Bösartigkeit aus einer Resignation heraus",... es gibt viele Ansätze. Kaum eine der normalen Möglichkeiten greift! Wieso tut sich nichts?

Meine Antwort:

- Die notwendigen Erfahrungen sind mit derart großen Risiken zu scheitern verbunden, dass es äußerst unwahrscheinlich ist, dass jemand durch dieses Minenfeld gelangt. Daher "simuliert" die Situationen und informiert euch über "Scheitern" bei den Täter*Innen, die euch Hinweise auf einen Umgang oder ein Umgehen der Gefahren liefern könnten. Vor allem bei denen unter ihnen, die LERNTEN.
- Die notwendigen Informationen liegen nicht offen da, und sie zu erhalten kostet Zeit, Geld, Nerven,...
- Wir werden, in der Regel, so früh auf das "FALSCHE" getrimmt, dass wir oft kaum noch in der Lage sind, die vergangenen Fehler aufzuarbeiten, während die Gesellschaft uns bereits "ihren Pfad" abverlangt. Wir müssten über Jahrzehnte tagtäglich einmal "mit dem Strom schwimmen", dann in der "Freizeit" zur Quelle zurück schwimmen, dort Falsches korrigieren oder uns einfach mal ERHOLEN, Neues aufbauen und den Strom hinab treiben, bis wir wieder dort landen, wo wir am Tag zuvor angelangt waren. Die Natur UND die Gesellschaft neigen dazu, uns IMMER ein wenig zu überlasten!!!

44

- Wir müssten auch dann die erkannten falschen Verhaltensweisen beobachten und uns "umdressieren", bis wir das (eher) "Richtige" wie selbstverständlich ausführen.
- Wir müssten uns selbst hypnotisieren, um die Art, wie man uns als "Spinner*In" betrachtet und behandelt und stetig bezweifelt ertragen. UND dabei dann die anderen über die "Richtigen" Verhaltensweisen aufklären und dabei den Leuten gegenüber unsererseits Verständnis entgegenbringen, weil sie nur so gewillt sind, etwas davon anzunehmen.
- Partnerschaften scheitern daher sehr häufig oder kommen nicht zu Stande. Denn die Infantilität, Grausamkeit, der Egoismus, die Faulheit,... die der Normale/die Normale Partner*In wahrscheinlich mitbringt, TRENNT uns voneinander. Partnerschaften sind so, genau genommen, schier unmöglich. Zumindest, bis die Gesellschaft sich langsam zu "bessern" beginnt und sich die Menschen wieder zueinander "gesund" gesellen.
- Zeitmangel, eigene Bedürfnisse,... jahrzehntelang der Arbeit unter zu ordnen, KANN durchaus Schäden verursachen. Und die Intensität in der eigenen Kommunikation aufzubauen, die notwendig ist, um zu anderen ausreichend stark

durch zu dringen, kostet manchmal alle Ressoucen, auch Zeit, Freiheit, Anerkennung, Friede,...

- Im Freundeskreis und in der Familie, im Grunde überall, Therapeut*In zu sein, dazu die eigenen übrigen Probleme zu bearbeiten. Anstrengend!

"Gendern" (kann "Gaslighting", "Hate speech", eine Art "Cancel culture" und "womansplaining" sein), "Gaslighting" (sich darüber beschweren, kann "Gaslighting" sein, fast alles kann zum "Gaslighting" werden und genutzt werden), "fake-News" (kann "Gaslighting" sein, in "Hate speech" enden, Grund für "cancel culture" werden, "shitstorms" auslösen,...), "kulturelle Aneignung", "black lives matter", "shitstorm" (kann "Gaslighting" sein, stigmatisieren, in Suizid treiben,...), "Feminismus", "Hate Speech", "Cancel-Culture", "Mansplaining" (gerade durch "womansplaining" erfahren wir von "mansplaining" und "gendern" und dem ganzen Rest...:) Was ist davon zu halten? Wie äußert es sich? Wem nutzt es? Wieso verschärft sich der "Ton"? Wieso wird der Dialog, zumindest der sichtbare, zunehmend "toxisch"? These: Weil Ressourcen knapper werden und DAS Angst generiert.

Ihr trennt die Gesellschaft in arm und reich, in "legal" und "illegal" und wundert euch über Kriminalität und Flüchtlinge? Weia, das ist schon immens lächerlich. Ihr lasst über Aktien andere für euch arbeiten und wundert euch, wenn ihr Übergewicht bekommt und wenn die "Sklav*Innen" die Natur ausplündern, wo sie das noch erlaubt. ODER wunderst Du Dich über Flüchtlinge, wenn ihr andere Nationen arm macht? Du reist in andere Länder, weil dort unberührte Natur ist, die Dich entspannt. In Deiner Heimat fährst Du Auto und leugnest den Klimawandel (der bereits "quasi-sicher" ist)? Klar, der Klimawandel kann eine Lüge, eine Vermutung sein, das ist zwar sehr unwahrscheinlich aber naja. Jedoch MUSS man sich, für den Fall, dass er da ist, schnellstmöglich darauf vorbereiten, ihn zu bekämpfen. Das ganze zu ignorieren, zu leugnen,... kann fatal sein, wenn der Klimawandel real ist.

Die "Lösung" (mit "Schönheitsfehlern") weitergehend
erläutert:

- Macht euch eure Fehler bewusst, arbeitet daran.
  Aber lasst euch nicht zu sehr anderer Leute Finger
  in diese Wunde drücken. Geht nur in die
  Defensive, wenn ihr dem Umfeld vertrauen könnt.
- Macht euch bewusst, dass das Verdrängen von
  Problemen, auf der Ebene ganzer Staaten, nicht
  so gut möglich ist. Das "in die Wüste schicken" von
  Menschen, die euch nicht passen, klappt im
  Maßstab der Hungernden auf der Welt (ca. 800
  MIllionen Leute derzeit) wenig. Verdrängung klappt
  ab einer solchen Zahl von Leuten schnell nicht
  mehr. UND: Noch mehr Leute könnten zu
  Klimaflüchtling*Innen werden! Milliarden von
  Heimatlosen, Heimatsuchenden weltweit.
- Die Domestikation von Tieren, wie Hunden,
  Katzen als Haustieren läuft normalerweise in
  BEIDE Richtungen. Das "glückliche" Wedeln des
  Vierbeiners mit dem Schwanz, es führt schnell
  dazu, dass der Mensch für ihn ein Leckerli holt.
  Ebenso "erziehen" uns die Maschinen, ganz vorne
  die K.I., zu einer neuen, plausibleren Denkweise.
  Es gibt eine Domestikation des Menschen durch
  Computer. Logik regiert eventuell zunehmend,

jedoch wären Fehler der K.I. potentiell fatal. Vielfalt muss möglich bleiben.

- Wenn Leute mehr und/oder für weniger Lohn arbeiten, als die Arbeit erbringen sollte oder als sie gerne würden, ist meist "Not" der Grund. Dass die Wohlhabenderen eher die Regeln machen, auch die Regeln des Marktes, ist klar. Da ist es auch erstmal naheliegend, dass sie, als Menschen, die Regeln zu den eigenen Gunsten gestalten. Jedoch das dadurch entstehende Machtgefälle endet schnell fatal und die Balance kippt. Dann werden die Anderen zu Regelbrecher*innen, die "bösen, bösen,..." Eventuell kommen sie dann, sich "ihren" Teil einfach holen, ob als Einbrecher*In, Flüchtende oder anders.

- Klar ist es von mir auch ein wenig anmaßend, die Welt ändern zu wollen. Mir das zu verbieten, ist jedoch weitaus anmaßender, da ich die derzeitigen Wehwehchen behoben bekommen kann, die Anderen jedoch verschärfen die bereits schlechte Lage meist. Passivität kann eine Form der Einmischung sein, ähnlich der "unterlassenen Hilfeleistung".

- Redet miteinander, kommt mir nicht mit "Tabus", die gibt es nur in eurer Einbildung und um Probleme, Problem-Behaftete,... zum Verstummen zu bringen. Verdrängung gibt es auch im Maßstab von Gesellschaften. Was denkt ihr denn, wieso die 800 Millionen Hungernden derart selten im Fokus stehen...?! 800 MILLIONEN, darunter eine Unzahl von KINDERN! Täglich sterben Tausende von ihnen. An falscher Ernährung sterben zudem noch mehr Leute.

- Findet eine Regelung für Besitz, also "Privates". Gut wäre, wenn alle, vor allem die Kinder, gleiche Chancen hätten. Gut wäre, wenn sinnvolle Projekte erkannt und entsprechend gefördert werden könnten. Man sollte verdienen, was man verdient hat. Benachteiligung von Kindern kann Potential im riesigen Maßstab vernichten. Potential für GUTES!

- Der "KERN" des Ganzen Problems ist der Raub von, gerade territorialem Besitz an der Allgemeinheit. Ich WILL nicht enteignen, will keinen Kommunismus oder Verstaatlichung.

- Eine Gesellschaft, die für jedeN alles an Daten transparent werden lassen kann, wo jedeR alle Daten theoretisch einsehen kann, gleichberechtigt, hat einige Nachteile, jedoch weitaus mehr zu bieten. Denn die Nachteile dürften so selten auftreten, weil unvorteilhaft, dass die meisten Leute es lassen werden.

- Denn jedes Eindringen in die Datensphäre anderer muss nämlich gut begründet sein, wird, in meiner Vision, dokumentiert und gegebenenfalls sanktioniert. Auch wird der betroffene Mensch über das Eindringen in seine Datensphäre gegebenenfalls informiert. (Der Begriff "Datensphäre" ersetzt hier sehr stark den Begriff "Privatsphäre", da Privates weniger bedeutsam werden sollte, gerade Besitz von Territorium, Rechten (die andere allzu sehr benachteiligen),... So könnte man "seine" Kinder, bis diese Mündigkeiten erwerben, Kompetenzen, - scannen, observieren, beobachten dürfen. Jedoch ab einem gewissen Punkt nicht mehr. (Ein festes Alter für ein Erwachsenwerden ist in dem Zusammenhang auch ganz klar meist widersinnig.) Kriminalität wäre kaum mehr möglich.

Warnung: Jedoch wären auch berechtigte Strömungen gegen dieses System, im Extremfall, kaum realisierbar. Andererseits arbeiten die Eliten an einem weitaus ungerechterem Modell, denke ich.

Ein weiterer Aspekt, den die Auswertung von maximal freiliegenden Daten hätte, wäre, dass man die Wünsche, Interessen, Bedürfnisse, Ängste, Nöte,... der

Menschen/Tiere/Pflanzen/Pilze/... sehr weitgehend analysieren und befriedigen kann.

- K.I. muss genutzt werden. Von kompetenten Bürger*Innen. K.I. muss kontrollierbar sein und darf nicht alles wissen! Quantencomputer und Spieltheorie, in dem Zusammenhang, sind vorsichtig zu betrachten. Simulationen dürfen die K.I. testen, die nicht wissen darf, was die "richtige und relevante" Realität ist und man sie so einschätzen und steuern kann, so lange es sein muss.

"Kulturelle Aneignung": Ja, das gibt es. Seit es "Kultur" gibt. Manchmal ist es dienlich, manchmal hinderlich. Austausch über funktionierende Konzepte war auch, immer mal wieder, von Vorteil.
Wissen allein für sich, "seine" Ethnie,... zu nutzen und das für "rein", "einzig richtig", zu erklären, gleicht schnell einer "Diskriminierung" der "anderen". Solche "Verschwörungen" gibt es in der Religion, bei Patenten, Firmengeheimnissen, Copyright,... insgesamt schaden sie allen anderen und nutzen nur ihren Besitzer*Innen, Gläubig*Innen,... Sollen, aus Gründen der Bekämpfung solcher "Aneignung", Ehen zwischen Leuten unterschiedlicher Ethnien unterbunden werden? Sollen Krawatten, Kartoffeln, die Hose,... und Musik,... nur noch

den Angehörigen der dies ursprünglich produzierenden Leute frei verfügbar sein??? Das klingt doch sehr "egoistisch", "rassistisch",... Und DAS soll "anti-rassistisch" sein? Zudem stellt sich doch die Frage, ob die Verknüpfung von Regen, Tod, Macht,... mit "Gött*Innen nicht bereits eine Aneignung ist. Ist der "erwartete" Respekt vor "Kultur", "Religion", "Politik",... nicht eine Nötigung zu eben derartigem "Respekt"? Sollen Kultur-Äußerungen verschwinden, wenn sie nicht erwiesenermaßen "richtig" liegen, vielleicht handwerklich ungenügend sind? Ich persönlich habe nichts dagegen, wenn Glockenklang, Gebetsgeschrei,... aus der Welt verschwinden. Markieren sie doch den Einflussbereich von, teils kriegerischen, Kulturen. Bereits die Nazis waren je gegen die "Verballhornung allerehrwürdigsten germanischen Gedankenguts" (so ähnlich las ich es in "Jurgen" von J. B. Cabell, soweit ich mich erinnere im Vorwort der Auflage des Heyne-Verlag), die neuen "Nazis", in diesem Sinne, tarnen sich anscheinend so, dass sie entscheiden wollen, was Toleranz verdient und was man löschen, tilgen, ausreißen, verbrennen,... muss. Die hier genannten Phänomene sind überwiegend miteinander verknüpft und stellen die Versuche der ausführenden Influenzer*Innen dar, Macht auszuüben, um ihre Ängste zu beruhigen. ;) Die Präsenz von kulturellen "Äußerungen" und damit verbundene

"Machtdemonstration" ist teils bedenklich. Klar, das soll nicht abgeschafft werden, sollte aber reduziert werden können. Darf es nicht Verballhornungen geben, hat nur "Hochkultur" ein Recht, sich dar zu stellen? Intoleranz im Namen der "Toleranz"?!? "Kulturelle Aneignung" zu unterbinden, ähnelt der "Cancel-Culture".

"Cancel-Culture": Hierbei werden "unliebsame" sowie "problematische" Personen und Organisationen nicht so sehr an den Pranger gestellt, sondern einfach aus der Sichtbarkeit "entfernt". Viel besser wäre, in der Regel, das erkennbar-machen von "belasteten" Straßennamen,... und Erläuterungen, beispielsweise zur Person und ihrer Geschichte. Denn der Anlass zum "in Erwägung ziehen" des Ausschluss' einer Person aus der öffentlichen Wahrnehmung sollte transparent begründet sein. Vielleicht erkennt man auch an, dass die "Selektion" durch Frauen bei der Partnerwahl teils zu Irritationen bei den "aussterbenden" einzelnen Männern führen kann. Das Überleben-Wollen der "Gene" ist als Motivation zu Gewalttaten nicht zu unterschätzen. Insgesamt ist die Intoleranz gegenüber Aneignung häufig problematisch, da die kulturellen Errungenschaften ein feines Gewebe darstellen, das gar nicht zu trennen ist. Ist nicht auch die Aneignung teils eine "Verbeugung" vor den schönen,

funktionalen und guten Ideen, der Arbeit, des Charakters
anderer???

"Fake-News": (Korrektiv, Faktenchecker*Innen,...): Nicht
immer richtig.

"Gaslighting": Nahezu alle genannten gesellschaftlichen
"Trends" werden auch zur Verunsicherung anderer
genutzt. Auch ihre Gegner nutzen sie teils. Was die
Wahrheit der einen Gruppe/Person ist, kann das Problem
der anderen sein. Wenn der "Teufel" teils für das
negative-Animalische steht, wird klar, dass Krankheiten,
gerade wenn sie (wahrscheinlich) aufgrund einer
gewissen Ähnlichkeit von Mensch und Tier voneinander
übertragen werden, "verteufelt" also als unerwünscht
erklärt werden. Menschen haben ein Immunsystem, weil
nicht immer ein Heiler da ist. Wieso Heiler, wenn ein
allmächtiges Wesen Krankheiten verhindern könnte? Ist
es Arbeitsbeschaffung für Leute, die Formen des
Ruhmes erhalten sollen, da sie sich als
"Wunderbringer*Innen" hervortun können? Wurden
Leute krank gemacht, damit andere sie heilen können
und sich damit hervortun??? Glaube hat hier, wieder
einmal, KEINE schlüssige Antwort. "Gaslighting" ist eng
im Zusammenhang mit Lügen zu sehen und das
Kämpfen gegen "Gaslighting" endet schnell zumindest in

einem Gefühl, Opfer von "Gaslighting" zu sein, manchmal merkt man aber auch bloß, dass man zumindest teils falsch liegt.

"Hatespeech": Manche Leute, gerade "Im Netz", sind frustriert und wollen sich abreagieren. Dies gerne auch in der relativen Distanz und Anonymität, die sie im Internet zu finden glauben. Dies deutet auf verfehlte Bildung durch Staat, Elternhaus, Kirche, Freundeskreis,... hin. All das ist erstmal nicht verwerflich, denn der Frust, die harte Arbeit, das Fehlen von Einkommen, die Not, der Hunger,... enden manchmal darin, dass sie nach "unten" weitergegeben werden, gerade bei den sowieso Benachteiligten. Dann reagieren diese mit ihrer Form der verbalen und vielleicht irgendwann körperlichen Gewalt. Sie reden lauter, wollen provozieren, suchen sich "Opfer". Für "zivilisierte" Leute nennt sich das dann "Hatespeech" und statt es zu verstehen (ich rede vom logischen Nachvollziehen, nicht von einem all dies akzeptierenden Verständnis), und damit den Ursprung ins Auge zu fassen, wird mit der Ignoranz, "shitstorm",...- Keule zugeschlagen. DAS ist dann schnell Diskriminierung, gerade wenn man damit ideologische Ziele verfolgt und den Begriff "hatespeech" nutzt, um Leute zu stigmatisieren, die Themen ansprechen, die man unterdrücken will. So wird nichts besser, sondern das Unrecht, die "Krankheit" wird gepflegt und einzementiert.

Kapitalismus und die "unsichtbare Hand" (das Gewissen) erlauben eine maximierte Ausbeutung von Mensch UND Natur. Die den Menschen gebrachte, hier entlarvte, sogenannte Demokratie erlaubt dem Kapital die Ausbeutung, da die Leute es schließlich so gewählt haben, mit dem Argument dass sie die Parteien schließlich wählten. UND schließlich beuten die meisten, wenn sie können und weil "alle es tun", andere Menschen, Tiere und den Rest der Natur aus. DAS RÄCHT SICH JETZT WAHRSCHEINLICH!!!

"Gott" bekommt es, wenn man mal davon ausgeht, dass "er/sie/es" mehr als eine Idee ist, nicht hin, die Leute zu sinnvollem Verhalten zu bewegen? Trotz "Allmacht" verlieren Religionen Kriege, die sie teils anfangen? Der "Teufel" kann, ohne dass es "Gott" mitbekommt, Leute verführen, Erdbeben auslösen, Säuglinge töten,..? Oder bekommt "Gott" es mit und ist nicht handlungsbereit/- fähig, obwohl er könnte? Unterlassene Hilfeleistung? "Gott" meint es gut, er bekommt es nur nicht hin? Weil der "Mensch" sich freiwillig für Krieg, Hunger, Gewalt, Ausbeutung,... entscheidet und sich lieber in Angst, Terror,... im "Namen Gottes" begibt, als in "Gottes Reich" ein zu gehen??? Der "Mensch" scheint ja doch recht dumm zu sein? Für mich persönlich wäre klar, dass ich, wenn mir mal jemand sagt, wie ich außer durch meine Aufklärungsversuche, Aufopferung, Risiken zum Wohl anderer, Problemlösungen, Hilfe für andere,... schnell mal ein "Wunder" herbeiführen kann, ausnahmsweise für mich selbst, das "Wunder" wählen würde. ;) Wäre ich allmächtig, könnte ich die Leute gerne glücklich machen, ohne ihre Freiheit einzuschränken. Wäre das zu langweilig? Nein, wenn ich das nicht wollte, nicht! Ich bräuchte dann kein Buch, keine Predigt, keine Aufklärung, keine ANGST oder VERHEIßUNGEN, keine Lieder, keine Selbstindoktrination durch Gebete,... um die Leute "freiwillig" zu bekehren!!! (Gebete sind ein super Werkzeug, Leute um zu programmieren, soweit dazu, dass "Gott" irgend etwas freiwillig von uns erreichen will, das wir besser tun sollten!!! Wiederholung, auch wenn ich das mache, ist eine Methode die manipulativ sein kann. Was sind dann Gebete??? ;) Beruhigung durch Wiederholung, Massenveranstaltungen mit Gebet und Gesang verleiten zu "Macht-Gefühlen", welche zu Handlungen in Gruppen führen. Meist für die eigene Gruppe und daher meist auch gegen die Außenstehenden und deren Gruppen. Die Inhalte der Gebete geben Richtungen für das Verhalten vor, das ist selten komplett freiwillig und läuft bei manchen auf Gewalt hinaus!)

UND ja, "Gott" will uns auch gegen unseren Willen unsere "Freiheit" lassen, Falsches zu tun, und uns dafür dann bestrafen??? Und WENN wir sein "Reich" erreichen wollen, MÜSSEN wir nur das "Richtige" tun. Doch wie das Richtige realisierbar wird, müssen Leute wie ich schildern, da "einfach das Richtige tun" gar nicht so einfach, wie in den Religionen geschildert, ist. Auch für die Erfindungen der Wissenschaft, die so gut sind, wenn auch manche immer mal zu Problemen führen, steht die Anleitung nicht direkt in den religiösen Texten (auch wenn manche Leute das behaupten, die aber selbst erst hinterher, nach der Erfindung, den Beweis in den "Schriften Gottes" finden :D). Dass religiöse Texte geschrieben, gedruckt, übersetzt, gelesen, interpretiert, verstanden und korrigiert werden müssen, um Einfluss zu haben, ist mittlerweile (nach den Jahrtausenden von Krieg, Verfolgung, Tierquälerei, Tiermord,...) nur ein schlechter Witz, der bedauerlicherweise real ist. Dass Religion nicht nur Kriege, Unterdrückung, Ausbeutung, Diskriminierung,... nicht verhindern konnte, sondern gar erzeugt hat, weil "Gott" in seiner Weisheit anscheinend ein paar Lücken ließ…, ist merkwürdig. Wieso schafft man es nach Jahrhunderten des Glaubens nicht, alle gut

zu versorgen und ihnen Sicherheit zu bieten? Wenn das
mal eher gelingt, dann ist zumeist Wissenschaft im Spiel.

Fragen, natürlich:

- Warum nimmt der Teufel Bakterien, Gifte, Viren,
  um Menschen krank zu machen?
- Warum heilen Ärzte, die Medikamente und
  Operationen nutzen meist besser als Priester?
- Wieso haben wir ein Immunsystem, wenn doch
  Gesundheit angeblich vom Karma, Schicksal,
  "Gottes" Wille abhängig sein soll?
- Wieso lässt man nicht im "Diesseits" die Leute
  machen, was ihnen in den Sinn kommt, wenn ja im
  Jenseits gerecht gerichtet wird?
- Wieso formen Frauen ihre Kinder nicht aus Lehm,
  wieso diese Geburt, wie bei anderen Säugetieren?
- Wieso werden Kriege auch mal verloren, selbst
  wenn sie "Gottes" Wille sind,- ist Allmacht nicht
  genug?
- Regen ist ja Süßwasser. Sind in der Sintflut auch
  fast alle Fische gestorben? UND was haben die
  Tiere und Säuglinge, die ertränkt wurden, genau
  gesündigt? Hätte man die Leute, mittels Allmacht,

nicht zur Vernunft bringen können, ohne ihre
Freiheit einzuschränken?

- Beben auf anderen Himmelskörpern, um die
  "Menschen" dort zu strafen?
- Tsunamis als Strafe, obwohl "Gott" nach der
  Sintflut versprach, so etwas wolle er nicht wieder
  tun?
- Der Teufel kann die Allmacht außer Kraft setzen
  und gegen "Gottes" Wille seine bösen, bösen
  Taten begehen?
- Antibiotika helfen teils bei bösen Leuten, wieso
  wurden sie eigentlich überhaupt vorher krank?
  Antibiotika=Böse???
- Seismografen machen himmlische Strafen
  vorhersehbar?
- Das was man noch nicht wissenschaftlich erklären
  kann, DAFÜR ist "Gott" verantwortlich? Ja, aber
  nur, bis man wieder etwas davon erklärt bekommt.
  DANN ist "Gott" für die Reste an Unklarem
  verantwortlich!? :D "God of the gaps".
- Evolution, Auslese, direkte Weitergabe von
  Eigenschaften an seine Nachkommen,...
  funktionieren auch, wenn man nicht daran glaubt.
  Sie beweisen quasi zu 100%, wie sich der Mensch
  und anderes Leben entwickeln. Die Konkurrenz
  um Ressourcen, Partner, Sicherheit,... ist ein

gewisser Antrieb dafür. So erklären sich die Effekte: Krieg, Ausbeutung, Gier,... als natürlich. Das bedeutet, dass wir diese Schwächen alle haben, weil es sich als Vorteil erwies. Bisher! Doch das ändert sich gerade.

- Wann ist je ein fertiges Smartphone "vom Himmel gefallen"? Nein, auch die Technik folgt in weiten Teilen der Evolution. Smartphones werden leichter, leistungsfähiger, vielseitiger, ausdauernder,...

- Warum "Gottes" Wort nicht als simple Option in unserem Kopf abgespeichert ist, vielleicht ohne dass wir es zuordnen können, ist die Frage. Das ganze Beten oder Meditieren und Lesen ist doch sehr mühsam. Die Bücher sind schwer. Oder ist das nur Indoktrination und Selbst-Indoktrination???

- Wenn "Gott" allmächtig wäre, wäre es seine Pflicht, aus Verantwortung gegenüber seiner Schöpfung, etwas perfektes, damit fehlerfreies zu schaffen. Denn fehlerhafte Atomkraftwerke und fehlerhafte Software für diese zu erschaffen, ist mit Verantwortung verbunden. Und hinterher kann eigentlich niemand die Atomkraftwerke für ihr Versagen verantwortlich machen oder gar Strafen für die Mitarbeiter*Innen verhängen. Das gilt natürlich nur für "gute" Götter*Innen. :D

- Erklärt die Tatsache, dass "Gott" nicht existiert, warum er/sie/es Leuten nur "selten" hilft und sich "selten" zeigt?

- Eines ist klar: Wenn "Gott" allmächtig IST, KANN er/sie/es auch allmächtig sein. Die Allmacht erlaubt das theoretisch. Doch dann kann er/sie/es auch allmächtig sein, wenn er/sie/es das NICHT ist. Und das ist nur das erste Argument gegen diese "Möglichkeit". Insgesamt kann ein Wesen, dieser Argumentation folgend, auch "mehr als allmächtig" sein, wenn es mindestens allmächtig ist. Für solch ein Wesen ist das Universum meiner Meinung nach allzu reduktionistisch.

- Wenn "Gott" allmächtig wäre, könnte "Gott" alles. Dann könnte er/sie/es auch lernen. WAS lernt man, wenn man alles kann?

- Wenn "Gott" allmächtig wäre, könnte er sich selbst vollkommen besiegen, dann wäre der unterlegene "Gott" nicht allmächtig gewesen.

- Wenn "Gott" allmächtig wäre, könnte er das "Unmögliche", das wenn er/sie/es es könnte, nicht unmöglich wäre, womit "Gott" nicht in der Lage wäre, etwas Unmögliches zu können.

- DAS alles muss nur theoretisch so sein, "Gott" muss nichts davon tun wollen, er muss, aufgrund der Allmacht, der angeblichen, nur theoretisch dazu in der Lage sein. Es ist nicht an mir, ein derartiges Wesen zu Handlungen zu nötigen, wie es diejenigen versuchen, die zu ihm/ihr beten.
- Wenn ich allmächtig wäre, würde ich alle Arbeit, die Konflikte wegen Glauben,... anderen überlassen und sie sich mit Arbeit freuen, aber auch kaputtmachen lassen. Dann, weil ich ja alles haben kann und daher nach mehr strebe, lasse ich sie kriechen, anbeten,... Ich würde sie wirre, teils hasserfüllte und homophobe,... Bücher schreiben lassen. Sie sollen mir Tempel errichten, Häuser, wo ich angebetet werden kann. Mit dem "Jenseits" mache ich ihnen teils Angst, aber sie sollen auch im Diesseits teils Verbrechen begehen, wenn sie kaum anders können, als Unsinn machen und mit diesem Wissen erst richtig "sündigen". (Ironie)
- Das "Lernen" aus Fehlern nennt sich Evolution. "Gott" müsste, allmächtig, keinem so etwas aufbürden und könnte den Menschen, Tieren,... das ersparen, ohne dass sie negative Folgen daraus hätten.
- Ich habe manchmal den Eindruck, dass die Leute häufig keine Vorstellung von Allmacht haben,

wenn man sie zu Ende denkt. Ich will nicht, dass "Gott" sich meinem Willen beugt, ich bete nicht, sondern stelle auf Basis einer für viele nachvollziehbaren LOGIK fest, was wohl real und nicht real ist. Manchmal weiß ich Dinge nicht genau oder erwarte Mitarbeit von meinen Leser*Innen und stelle Fragen.

- Gäbe es ein Schöpfer*Innen-Wesen, ist es wahrscheinlich nicht allmächtig, und es hätte die Welt bewusst, vielleicht aus der eigenen Unvollkommenheit heraus, unvollkommen, so beeinflusst oder erschaffen, wie wir sie vorfinden. Die Möglichkeit, zu lernen versöhnt mit dieser Unvollkommenheit und integriert das Nicht-verstandene irgendwann in unser "Gewusstes". Genau wissen können wir, jedeR einzelne von uns allerhöchstens, DASS wir selbst existieren. Das "cogito ergo sum" Descartes. Und logische, ich nenne es mal "Zirkelschlüsse" können in SINN enden, dazu kommt jedoch, dass dies selten in praktischer Anwendbarkeit mündet.
- Alles braucht einen Schöpfer? Nach der Logik braucht jeder Schöpfer auch einen/eine Schöpfer*In! Einfach sagen, das gelte für "Gott"

nicht, um einen Anfang zu setzen, ist kreativ aber nicht stringent.

- Religöse Texte sind zwar nicht an allen Konflikten zwischen Ideologien schuld, erleichtern sie aber teils und verhindern sie selten.

- Wenn "Gott" den freien Willen der Menschen respektieren möchte, jedoch das, was "Gott" für den Menschen will, das Richtige für den Menschen sei, und damit Gottes Wille der Wille des Menschen sein dürfte, was bedeutet das? Es bedeutet, dass die religiösen Texte, die "Gottes" Wort kund tun, es nicht schaffen, den Menschen von der tollen Zukunft zu überzeugen, die kommen könnte. Die religiösen Texte können gar genutzt werden, um Terror, Krieg, Verfolgung, "Rassismus",... zu realisieren? Vielleicht sind diese Texte auch einfach fromme Wünsche und Angstmache vor dem Machtinstrument "Götterglaube", von menschlichen Autoren, die "Gutes" beabsichtigten, jedoch mit "Feuer" spielten, als sie "Götter" ins Spiel brachten. Denn der mögliche "Wille" des "Allmächtigen" kann bei geisig schwachen Menschen als Begründung für Gewalt, Unterdrückung,... dienen. Da "Gott" sie nicht immer aufhält, ihn/sie/es gibt es wohl nicht, fühlen die Täter*Innen sich dennoch bestätigt.

Denn, wenn "Gott" den Mord an irgendwem zulässt, muss das Geschehene "Gottes Wille" sein, so denken die Täter, denn ein allmächtiges Wesen hätte sowas, wenn es wollte, ja verhindert???!!!

- Das Leben ist untrennbar mit dem Universum verbunden. Das geht so tief in die Grundstruktur hinein, dass man wirklich teils fragen muss, ob das Leben das Universum erschaffen hat. Auch hier lautet die Antwort teilweise: Teilweise! Denn wahrscheinlich und teils jeden Moment erschafft das Leben ein neues Universum, durch jeden Prozess, den das Leben ausmacht. Wann und wie das begonnen hat? Ich habe diesbezüglich sehr wenig Ahnung. Noch!

- Kinder zu manipulieren und zu indoktrinieren gelingt in Ideologien schnell, da Kinder Märchen eher glauben und verteidigen. Gerade, wenn man die Kinder zu Mittäter*Innen machen kann oder sie unter Druck setzt.

- In Gruppen "Dogmen" zu wiederholen, ist wie gesagt problematisch.

- Die immer gleichen Dogmen zu wiederholen, kann zu Problemen führen, gerade, wenn man sie ungeprüft annimmt.

- Hierarchie, die nicht auf Begabung und Kompetenz baut, ist selten gut.
- Dass nach Katastrophen nur die Überlebenden "Gott" preisen, für ihre "Rettung", keiner die große Anzahl von Toten, darunter manchmal Säuglinge, kritisiert, ist klar. Die Erklärung: Dass "Gottes Wege" unergründlich seien, ist armselig. Zumal die Wissenschaft diese Wege immer klarer ergründet. Das nur als Anmerkung zum "god of the gaps".

DIE bedeutsamste Frage in diesem Bereich: Würdest Du Deinen Glauben für echte Harmonie auf der Welt aufgeben?

Zwischenfazit:

Die "Basis" der Zivilisation ist ein Verbrechen (ein Vererben des Privatbesitzes ist eine "Erbsünde"?), ein Raub. Die Politiker, Richter, Polizisten machen zwar auch Gutes, üben jedoch Selbstjustiz (mit dem Glauben an bunte Zettel, die ihnen angeblich das Recht dazu verleihen). Die Wissenschaftler schaffen Waffen und Werkzeuge, die ungeheure Angst und ungeheures Zerstörungspotential besitzen. Die Wirtschaft beutet die natürlichen Ressourcen und die "Ressource" Mensch aus, teils erbarmungslos.

Jedoch: Das ist SO, wie es war, jetzt nicht mehr möglich! Auch das Verstehen des menschlichen Verhaltens macht Menschen noch weitaus lenkbarer, verführbarer,...

Können wir denn davon ausgehen, dass ein funktionierendes System aus so etwas entstehen kann, ohne dass wir uns selbst groß ändern???

Frage-Zeichen:

Wenn eine totale Überwachung durch ein zürnendes Wesen "Gott" von sehr vielen nicht bekämpft wird, was hätten die Leute für Argumente gegen eine funktionierende Gruppe von K.I.'s, die diese Aufgabe übernehmen? Wieso haben ja sogar Priester*Innen teils Überwachungskameras, Versicherungspolicen, Smartphones,...? Trauen sie ihrem "Gott" nicht oder haben sie Angst, dass "Gott" seinen angeblichen Widersacher, trotz "Gottes Allmacht" nicht gebändigt bekommt?
Ist alles eine Prüfung? Für die Natur gilt diese Annahme bedingt als richtig. Aber wozu sollte ein Allmächtiges Leute quälen, damit die Leute etwas lernen oder das Allmächtige etwas lernt? Wenn Allmacht doch jede Prüfung UND jedes Leid, ohne Einschränkung von Freiheit, obsolet also verzichtbar machen könnte???
Schreien Tiere, die merken, dass es ihnen an den Kragen gehen könnte, nicht vielleicht aus Angst? Weil sie vielleicht nicht leiden und sterben wollen? Oder macht "Gott" sie so, damit es den Menschen eine größere Überwindung kostet, die Tiere seinem guten (?) "Gott" zu opfern und der Mensch so seine Glaubenstreue beweist??? BS!!!

Hegel soll gesagt haben: "Wir lernen aus der Geschichte, dass wir aus der Geschichte nichts lernen."
Insgesamt ist da auch ein ziemlicher Dummheits-Brocken zu finden. Wir dämonisieren unsere Gegner, machen sie schlimmer als sie sind, um den Kampf gegen sie zu rechtfertigen und die Soldat*Innen zu motivieren. Doch, wenn das Bild vom Gegner so verzerrt wird, sehen wir den Grund zum Umlernen nicht, da der Gegner ja "125%" Schuld war.

Wir alle machen die Umwelt kaputt, anders geht es kaum noch. Diese Fremd- und Selbstgefährdung muss für weite Teile der Bevölkerung in Therapie münden. Ich kenne die Höhen und (Un-)Tiefen dieser Krankheit. Daher kann ich viele Leute von fast jedem Zustand und Stadium des Wahnsinns "abholen" und in sicherere Gefilde führen, zu dem Zweck mache ich teils bei eurem Unsinn mit. Dieses Buch dient als ein Nachweis meiner Kompetenz, ist aber womöglich nicht für immer gänzlich gültig, da sich Fakten ändern können. Glücklicherweise funktioniert Vernunft quasi immer, da sie lernen kann. Verstehen, einschätzen lernen,... aber auch Konsum und Aufrüstung können beruhigen UND beunruhigen. Je nachdem, wo Dein Aufgabenfeld liegt. Bei den Ideologien gilt, da man innerhalb dieser für sich und damit gegen andere arbeitet (meist ist das so, denn das Soziale gilt dem Missionieren oder Rechtfertigen mancher Institutionen): "Mitgehangen, mitgefangen." Bis man sich befreit. Anführer*Innen und Reformer*Innen,... braucht man in Krisen. Sie erzeugen Krisen, damit man sie braucht. (Mancher Leute Gesundheit ist die Krankheit der anderen.) Aber Krisen können auch zu Lösungen führen, da sie das Problem sichtbarer machen können, gar, je mehr sie sich verschärfen!

Die Ressourcen sind global recht begrenzt. Der Klimawandel ist real, auch wenn mich stört, dass er zum Geschäftsmodell wird. WIR alle sollten die Katastrophen, aber auch die menschengemachten Missstände berücksichtigen. Sparen müssen jedoch zuerst die, die durch die Industrialisierung, die Ausbeutung, die Unterdrückung, das Sparen der eher Armen, das Delegieren von Arbeit, das reine Aussehen, die "Rasse" (es gibt eigentlich keine "Rassen" von Menschen, nur Menschen an sich), das körperliche oder soziale "Geschlecht", bessere Ausbildung, Erbschaft,... zu Macht, Ansehen, Geld, Land,... gekommen sind.
Laut "Forbes"-Magazine ist der CO_2-Fußabdruck des reichsten 1% der Weltbevölkerung doppelt so groß wie der der ärmsten 50% der Weltbevölkerung.
Die Leute, die in Urlaub fliegen, können oft nur in intakter Natur entspannen und fliegen dann dafür oft weiter weg.

Wo sie dann vielleicht am liebsten unberührte Natur sehen wollen und wilde Tiere. DAFÜR machen sie die Reste der Natur teils kaputt.

"Gleichheit" und ein vernünftiges Recht (von richtig) sind Basis für viele Arten von Glück. So kommt es aber schnell zu Stagnation, was nicht immer sinnvoll ist.

In Bezug auf das Erreichen und Realisieren der genannten Ziele, ist eines besonders bedeutsam:

Arbeit. Doch was genau ist Arbeit, gibt es wirklich gute, schlechte, sinnlose, befriedigende, schädliche, nützliche,... Arbeit? Und gibt es wirklich Freizeit, Erholung, Urlaub,...? Oder ist es ganz anders???

- Auch Medien sind Arbeit, wenn man sie ausreichend würdigt. Videospiele, Brettspiele, Serien, Bücher,... ob wissenschaftlich oder trivial (dreiwegig), das muss gar nicht so bedeutsam sein.
  Die Bewältigung von Traumata und Ängsten kann von diesen Arten der Auseinandersetzung mit der Wirklichkeit, indem man Held*Innen in schlimme Situationen begleitet und Böses, Fremdes, Mächtiges,... meistert, profitieren. Auch, wenn man

sich so weitgehend verlieren kann, in Sucht
abdriften, psychische Probleme bekommen,
isolieren,... bis zum Extrem der Kriminalität.
Letzteres ist eine besondere Form der Befreiung,
die auch die größtmögliche Niederlage beinhalten
kann.

- Wir arbeiten, um uns für die Arbeit zu ernähren.
Wir arbeiten, um uns von der und für die Arbeit zu
erholen. Wir bilden uns, um für die Arbeit fit zu
sein, aus diesem Grund machen wir auch Sport.
Wir werden aber nicht immer dafür ausreichend
belohnt, sondern wir zahlen vom Erwirtschafteten
teils dafür, weiter gut arbeiten zu können, wo
andere mit weniger und weniger sinnvoller
Tätigkeit für ihr Ausruhen und minimale Arbeit
weitaus besser entlohnt werden können.

- Das Verarbeiten von Traumata, wozu auch
Verdrängung gehört, da geht es sehr stark um
Angst im Wechselspiel mit Bedürfnissen, ist Arbeit.
Das steckt bereits im Wort "VerARBEITung". Wer
kollektive Traumata, Komplexe,... in Angriff nimmt,
kann ganze Gesellschaften von Zwängen,
Nöten,... befreien. Der Konsum, die Wissenschaft,
Drogen (legale und illegale,...) sind zu großen
Anteilen dazu da, uns Ängste zu nehmen und
andere, verfeinerte, einzupflanzen.

- Wir verbringen viel Zeit mit Angriff auf,
  Vorbereitung auf und Flucht vor dem, was uns
  Angst macht. Wir gehen dem "Schmerz" entgegen,
  um ihm teils irgendwann zu entkommen. Was ist
  hier die Alternative? Stillstand?

teil:weise an die "teure Elite": Was ich schreibe, gilt in der
Regel nur teilweise. Manchmal mache ich das im Text
sichtbar, teilweise muss man das hier lesen, um den
Ansatz zu verstehen. In der Realität, so weit ich sie
kennengelernt habe, gibt es nur äußerst selten absolute
Extreme. Falsifikationismus (Popper) und
Unvollständigkeitstheorem (Gödel), sowie meine
"Denkschule" der Fehlersophie illustrieren dies.
Gleichsam stecken im Daoismus/Taoismus bereits beim
Symbol des Yin und Yang ähnliche Aussagen.
Meinungen gibt es in dem Sinne nicht. Es sind quasi
immer auch Deinungen. Die politischen Gruppierungen,
die religiösen Gruppierungen, die ökonomischen, die
ideologischen, die traditionellen Gemeinschaften und die
wenigen Individuen haben alle meist nur teilweise Recht.
Des ein*Innen Recht endet beim Recht der ander*Innen.
Jedoch arbeiten die Gruppierungen oft so, als hätten sie
IMMER Recht und ABSOLUT Recht. Gerade, wenn eine
konkurrierende Sekte, Partei, Abteilung,... mal zumindest
überwiegend Unrecht hatte, stellt die Konkurrenz sie als

"böse", komplett "versagend",... dar und sich selbst stilisieren manche dann zu etwas Perfektem. DA jedoch die Gegner*Innen meist wissen, dass sie nicht ganz falsch lagen, versuchen sie das Ganze herum zu drehen, indem sie wenige Fehler machen und "die Karotte" der Perfektion hochhalten, der sie nacheifern müssen. So wogt der Konflikt hin und her. Soweit zur Evolution, denn Konkurrenz kann stark zu Aufrüsung in Sachen Meinungen, Waffen, Werkzeugen,... führen. Doch der richtige Umgang damit ist schwer zu erlernen, je nach Waffe ist es möglicherweise fatal, wenn man sie ausprobiert!!!

So ist eine fragile Vielseitigkeit manchmal schlechter, manchmal besser als eine solide Einfachheit.

In dem Sinne sind Dialog, Konsens, Kompromisse, WIN-WIN als Alternative zu bedenken. Als Alternative zu Gewalt und Konkurrenz,... DENN: Diese weniger "dreckige" und mit wenigen Opfern verbundene Denkweise lässt der Natur Zeit, zu heilen, sich zu erholen UND dennoch erlaubt sie Evolution!!! Und ändert schnellstmöglich folgendes: Dass die Eliten, die in Krisen meist am stärksten profitieren, daher auch ein Interesse an einem Konflikt haben und profitable Konflikte ERZEUGEN. Danach kann man den Hunger auf der Welt bekämpfen, der Zehntausende täglich tötet. Und dann

auch schnell die anderen Baustellen in Angriff nehmen!!!
Es ist ein Haufen Arbeit liegen geblieben.

Tipp: Lest die Texte derjenigen, die anders denken, als
ihr das tut! Dort liegt das größte Entwicklungspotential.
Daher lese ich auch die religiösen Texte und weiß gut,
wo sie gute Inhalte liefern und wo sie fatal versagen.

Mind-(re)-set.

Ich habe wahrscheinlich nicht immer Recht, daher prüft genau, was ich an Informationen äußere. Behaltet dementsprechend im Sinn, dass diejenigen, die die Regeln machen, schnell auch mal stärker davon profitieren wollen und werden. Daher sind alle in der Verantwortung, die Lösung lautet: Konsens anzustreben und bestenfalls auch zu erreichen. Denn: Die Gemeinsamkeiten unter uns Menschen überwiegen normalerweise die Unterschiede bei weitem.

- Gibt es Gender? Ja, fast so viele, wie Menschen.
- Gibt es Staaten? Ja, in unserer Einbildung und in Bauwerken, die aus der Einbildung heraus geschaffen wurden.
- Gibt es Religionen? Ja, hier gilt fast genau das gleiche, wie für Staaten.
- Gibt es Menschenrassen? Nein, quasi nur eine.
- Gibt es "Gott"? Mit hoher Wahrscheinlichkeit: Nein! Jedoch ist das irrelevant, sollte er/sie/es allmächtig sein, liegt alle Verantwortung bei einem Schöpferwesen.
- Gibt es Ausländer*Innen? Ja, ihr seid in quasi jedem Land der Welt Ausländer*In (nur teils 'n Scherz).

Denkt also besser nicht in Kategorien, wie "wir" und "die"! :D Warum? Weil man versuchen könnte, euch gegeneinander zu hetzen!!! Klingt das vertraut? :) Friede sei mit uns.